42天成为小学霸

罗林娜 著

山东科学技术出版社
www.lkj.com.cn

图书在版编目（CIP）数据

42天成为小学霸 / 罗林娜著 . -- 济南：山东科学技术出版社，2023. 3（2023. 6 重印）
ISBN 978-7-5723-1394-3

Ⅰ . ①4… Ⅱ . ①罗… Ⅲ . ①学习方法 Ⅳ . ①G442

中国版本图书馆 CIP 数据核字 (2022) 第 216023 号

42 天成为小学霸

42 TIAN CHENGWEI XIAOXUEBA

责任编辑：刘玉莹 位 彬
装帧设计：珊瑚文化

主管单位：山东出版传媒股份有限公司
出 版 者：山东科学技术出版社
地址：济南市市中区舜耕路 517 号
邮编：250003 电话：（0531）82098088
网址：www.lkj.com.cn
电子邮件：sdkj@sdcbcm.com
发 行 者：山东科学技术出版社
地址：济南市市中区舜耕路 517 号
邮编：250003 电话：（0531）82098067
印 刷 者：三河市南阳印刷有限公司
地址：三河市杨庄镇杨庄村
邮编：065200 电话：（0316）3650088

规格：16 开（170 mm × 240 mm）
印张：7 **字数：**70 千
版次：2023 年 3 月第 1 版 **印次：**2023 年 6 月第 2 次印刷
定价：39.80 元

前言

在学习的过程中，每位同学都希望自己是那个受人瞩目的“小学霸”，但是现实中的各种难题却常常让大家感觉自己离“学霸”越来越远，甚至对学习产生了抵触心理。

觉得学习很枯燥，一考试就紧张，无法与老师、同学友好相处，做事总是粗心，上课注意力不集中，写作文像“流水账”……问题一个接着一个，但是怎么解决却无从下手。希望同学们能通过本书讲述的具体案例和有趣的故事，找到一些解决学习烦恼和问题的方法和经验，重拾学习的自信！

现在，不妨放下心里的焦虑，静下心来看看这本书，说不定你读完之后，困惑许久的问题就迎刃而解了呢！

目录

第六篇　巧妙处理人际关系

附加提优

第一篇

科学塑造健康心理

01天

我们一定要学习吗？

"玉不琢，不成器。人不学，不知义。" ——《三字经》

对于这个问题的答案我想是肯定的。其实我们从小就已经在学习了，从牙牙学语到走路奔跑，从洗漱穿衣到读书写字……学习从我们出生就伴随着我们，一直到长大、变老，所以人们常说"活到老学到老"。

不学习会怎样呢？比如，要是我们不学语文，那我们跟别人讲话都可能颠三倒四，说不清楚，更不用说理解诗词的美好和精妙了；如果我们不学数学，那么我们可能连最简单的加减法都不会，很难形成缜密的逻辑思维；如果我们不学地理，那么我们就不知道为什么昼夜交替，四季轮转……学习能让我们更好地和别人交流，适应社会，认识这个世界。

举个更具体的例子，我们现在能够在炎炎夏日享受空调带来的凉爽，是因为前人用自己的知识为我们创造了条件，但如果大家都不愿意学习，那怎么能有新的事物被发明创造呢？我们又怎么能有更加舒适的生活环境呢？

再如，现代社会，不上学、不学习，未来大抵是很难找到一份好工作的，甚至很有可能找不到工作。不工作的话，就没有收入来源，那连吃饭都会是一个大问题。你说你可以自己种地自给自足，但是种地也是一门学问，也是需要学习的！就像袁隆平爷爷，他培育的杂交水稻不仅让中国人的饭碗端得更牢，还走向了世界，让全世界很多贫困的人战胜了饥饿。他一生致力于杂交水稻技术的研究、应用与推广，晚年仍坚持每天下田，学习研究。对于我们来说，学习也不应该仅仅是为了自己能有更好的生活，更是因为只有我们先拥有丰富的学识，才能力所能及地去帮助更多的人，去实现自己的人生价值。

现在，国家为我们的学习提供了很多保障和便利，要知道，古代达官贵族也享受不到像现在这么好的学习条件！即使是现代，世界上也还有很多贫困地区的孩子无法上学，或者学习条件很艰苦。因此，我们要倍加珍惜现在的学习机会。

所以，我们是一定要学习的，而且要坚持终身学习，为了自己学习，为了帮助那些无法学习的人学习，为了创造更美好的未来学习。

02天

学习没有进步是因为不够聪明吗？

"不积跬步，无以至千里；不积小流，无以成江海。" ——荀子

在学习的过程中，很多同学肯定会有这种疑惑：明明我也认真学了，为什么就是没有一点进步呢？是不是我不够聪明，太笨了？这种自我怀疑和自我否认往往使大家的自信心更加受挫，造成恶性循环。

面对学习进步慢或没有进步的情况，你首先要做的不是怀疑和否定自己，而是要反思一下自己的学习方法和学习效率。很多时候，你看似花了很多时间在学习上，但是在学习的时候，一会儿看看课外书，一会儿摸摸文具盒，一会儿吃点东西，一会儿发发呆。这些"一会儿、一会儿"其实占据了你学习的大部分时间，有时候你觉得自己学了一个小时，但实际上有效学习时间可能只有半个小时。人家是事半功倍，你是事倍功半，最终没有学到多少东西，又怎么能有进步呢？

还有一个原因就是你的积累还不够。我们常说量变才能产生质变，"量"还没积累够，又怎么能发生天翻地覆的变化呢？你认真学习了，在第一次考试中没有体现，甚至第二次也没有什么变化，但或许到第三次就会发现自己一下子进步了一大截。

就像《乌鸦喝水》故事里所讲的那样，乌鸦往瓶子里扔第一块石子时喝不到水，扔第二块也喝不到水，但是一直扔，一直扔，最后石子变多了，水位渐渐升高了，自然就能喝到水了。

还有就是很多同学把进步定义为成绩的提高，但是成绩不是进步的唯一表现。你可能在做题速度上变快了，回家后作业完成时间由原来的一个小时变成了四十分钟；也可能在背诵记忆上更加熟练了，原来一天也背不下来的内容，现在只花一个早上就背下来了。并不是只有成绩提高了才是进步，学习能力和学习习惯的改变也是一种进步，只是这种进步没有考试成绩显得明显而已。

所以面对这个问题的时候不妨静下心来，及时调整学习方法，提高学习效率，努力做好前期的积累，等攒够了“石子”，你就能喝到进步的“水”了。

03天

努力是不是没有天赋有用？

"智能之士，不学不成，不问不知。" ——王充

努力当然不是没有天赋有用！这是毋庸置疑的事情。努力的人哪怕没有天赋，最后的成绩也不会太差，但有天赋的人如果不努力，最后成绩也不一定比普通人好。况且天才在生活中毕竟是少数，大家更多的都是普通人，当然要努力。

曾国藩年幼时一直被认为在学习上没有天赋。据说，他年幼时经常读书到半夜。有一次，他晚上读书时，正巧家里进了一个小偷，藏在他家的横梁上，想等曾国藩读完书睡觉的时候偷点东西。但是曾国藩背一篇三百来字的文章，反反复复地背了一个多时辰都没有背下来，最后小偷等得不耐烦了，气冲冲地跳下来把那篇文章背给曾国藩听，并且嘲笑他："你这么愚笨的人还读什么书！"说完转身就走了。

这么看小偷的天赋可比曾国藩高多了，但是结果呢？曾国藩经过坚持不懈的努力，最终功成名就，在史书上留下了浓墨重彩的一笔，但是那个小偷我们却连名字都不知晓。所以努力怎么会没有用呢？

而有天赋的人不努力也未必会取得好的成就。有一篇名为

《伤仲永》的古文，记载了一个很有天赋的人，名叫方仲永。他五岁的时候就能提笔写诗，备受周围的人赞赏，甚至有人花钱去买他的诗。他的父亲认为这件事有利可图，所以就带着他四处拜访别人写诗赚取钱财，而不让他学习。没过几年，仲永就变得“泯然众人矣”，意思是“已经和普通人没有什么区别了”。仲永是个很有天赋的人，但是缺少后天的学习和努力，天赋最终也没有帮他带来什么成就，最后变成了“众人”。

所以努力不是没有用的，只是三分钟热度的努力很难起到作用；天赋也不是万能的，有天赋而不努力照样会变得普通。因此，不要再质疑你的努力了，即使你努力了一段时间没有效果，也不要灰心，继续坚持下去，那些有天赋的人不一定比努力的你更出色，总有一天你会看到属于自己的收获！

04天

觉得学习很枯燥怎么办？

“我认为，对一切来说，只有热爱才是最好的老师。” ——爱因斯坦

学习枯燥吗？有些同学认为学习太枯燥，太无聊了，不想学习；而有些同学却认为学习非常有趣。为什么对于同一个问题会有完全相反的答案呢？

如果你觉得学习枯燥，不想学习，一个很大的原因是因为没有发现学习的乐趣。人对于自己感兴趣的东西，总会投入大量的精力，而对于不感兴趣的东西，自然是不愿意下功夫去钻研的，学习这件事也是一样。所以，当你觉得学习枯燥时，要做的第一件事就是找到学习的乐趣。

那怎么才能找到学习的乐趣呢？首先，要有一个积极的学习态度。例如，遇到困难时不要想“我一定不行”。不能看到数学题需要用复杂的公式和大量的计算，就觉得“我不行，我一定做不出来”；不能看到要求背诵全文，就觉得“这也太难了吧，我肯定背不下来”……如果始终抱有这样的心态，你还没有被困难打倒，就已经被自己的畏难心理打倒了。这种情况下你很难从学习中获得成就感，学习对你来说自然也就毫无乐趣可言了。所以，想要学习变得有趣，你首先要用积极的心态

去面对它，而不是逃避它。

其次，努力为自己营造快乐的学习氛围。你可以试着找一个伙伴一起学习，与同伴互相帮助、互相监督，一起讨论学习的难题，一起分享成功的喜悦。陪伴可以减少学习中的孤独感，缓解学习压力，这也会让你更有动力坚持下去。

最后，我们还要学会劳逸结合。一个人就算一直做自己喜欢的事情，也会觉得疲劳，所以我们在学习的过程中可以适当地给自己放松一下，得到充分的休息以后，再精神饱满地投入学习中。

下次当觉得学习枯燥的时候，你要相信这种枯燥只是暂时的，要用积极的心态去对待学习，不畏惧困难，学会从学习中寻找乐趣，注意劳逸结合，相信你会爱上学习的！

05天

学习生活中觉得有压力怎么办?

“天将降大任于是人也，必先苦其心志，劳其筋骨，饿其体肤，空乏其身，行拂乱其所为。”——《孟子》

写到这里时，恰逢春节假期，碰巧在网上看到一则有意思的新闻：一个女孩本来在开心地刷手机，但在家人的提醒下发现，寒假只剩下五天了，但作业却一点儿没写，于是在压力之下崩溃大哭。大家在生活或者学习中不可避免地都曾经或者正在经受着一些压力，面对压力，大家往往会产生挫败感，感到身心俱疲，那我们应该如何应对压力呢?

凡事都具有两面性，当压力来临时，我们首先应理性地看待它。压力一方面会给我们带来挫败感和沮丧感，但适度的压力也会激发我们自身的潜能，帮助我们提高学习的积极性和主动性。比如，上面新闻中的女孩在崩溃大哭之后，大概率会在假期的最后几天全身心地投入作业之中，直到按时完成所有作业；再比如，在学校里你的同桌学习成绩跟你不相上下，你们既是好朋友，在学习上又存在竞争关系，同桌在学习上给你带来的压力，无形中会督促你更加认真、努力地去学习。所以你看有压力也是有好处的吧!

当然，适度的压力能够带来一定的积极作用，但是过度的压力则不利于大家的身心健康，因此，我们还需要学会用一些合适的方式来舒缓压力。

比如自我鼓励法。面对压力，有些人选择躺平和自我放弃，结果只能是被压力打垮，一蹶不振；有些人手足无措，崩溃大哭，但哭过之后仍然要整理好心情，重新思考如何应对压力；还有一些人选择自我鼓励，坦然面对压力，勇敢克服压力，这些人往往能够看见“风雨之后的彩虹”，显然，我们要做的就是这种人。面对压力时，积极地给自己一些鼓励，“我既聪明又努力，没有什么是学不会的！”“我是最棒的，这点困难打不倒我！”……学会用正能量去驱赶压力带来的负面情绪，通过自我鼓励帮助自己尽快地走出压力的阴霾。

还可以试试注意力转移法。当感觉到有压力时，不要憋在心里，也不要一味地钻牛角尖，要及时转移和释放压力。可以选择一些你喜欢的运动方式，比如跑步、爬山、打球等，通过运动释放压力；还可以观看一些减压的书籍、电影等，转移压力和注意力，放松心情；也可以试着与同学、老师、家人、朋友等聊聊天，把自己的感受说出来，说不定他们有帮助你舒缓压力的好方法呢。

最后想告诉大家，有压力并不可怕，理性看待它，选择合适的方法舒缓它，“生命犹如铁砧，愈被敲打，愈能发出火花”。

06天

怎么才能变得有自信呢？

“恢弘志士之气，不宜妄自菲薄。” ——诸葛亮

自信是一个人内心丰盈的表现，“自信者不疑人，人亦信之，自疑者不信人，人亦疑之”。在我们身边，自信的人往往更有魅力，更容易成功。那么，怎么做才能让自己变得有自信呢？

首先，你需要不断学习。内心的丰盈来源于知识的丰富，不断学习能让你的思维更加迅捷，视野更加开阔，而且随着知识的增长，你对于事物也会更有自己的看法，能够更加自信地表达自己的想法，不再人云亦云。

其次，就是要经常鼓励自己，比如给自己暗示。有研究表明，人的心理暗示会在一定程度上影响自身的想法和行为，经常给自己加油打气，也会让你变得更加自信。

还有就是学会接受别人的赞美。面对别人真心的赞美，不要不好意思，要学会大大方方地接受，千万不要随意自我否定，觉得自己什么都不可以。要相信，世界上没有两个一模一样的人，你可能不是最好的，但你是独一无二的。

另外，要知道犯错一点也不可怕，不要怕在人群面前犯错，知错能改就好了。很多同学因为怕忘词，所以从来不敢上台演讲；有些同学甚至在老师提问的时候，不敢回答老师的问题，就是因为怕回答错误，在同学们面前丢脸。第一次在讲台上不敢讲话，第二次、第三次……熟能生巧，多练几次总会好的；问题答错了也没关系，发现错误才能更好地进步，老师会帮你纠正错误，并给予你方法思路上的指导，课下也可以和同学们相互交流，共同提高。所以自信一点，勇敢地做你想做的事，不要怕在人群面前犯错。

自信来源于内心的力量，坚定自己内心的想法，不断充实自己，勇敢接纳自己，相信你一定可以自信地去面对任何事情。

07天

性格内向，怎样才能变得开朗起来？

“性格只不过是长期形成的习惯而已。”——普卢塔克

在谈论这个问题之前，我们首先应该明确，性格内向并不是一种缺点，每个人的性格都不尽相同，每种性格也都有自己的优势和劣势，没有绝对的好与坏。不管是哪种性格，大家都要理性分析性格对我们的影响，发挥自己性格中的优势，努力克服性格中的不足。

性格内向的人也有很多闪光点。比如，性格内向的人做事往往更加专注沉稳、更善于观察和思考、更懂得体贴和关心别人等。与此同时，有些性格内向的同学可能会存在类似的小烦恼：因为性格内向，在与人交往中不太善于主动表达和交流，很少主动向他人敞开心扉；在日常学习和生活中也不善于向他人展示自己的优点和长处，这种情况下，应该如何让自己变得开朗起来呢？

开朗其实是一种心境，想要在性格上有所改变，让自己变得开朗起来，首先在思想上和心理上要坚定改变的信念，多进行积极的自我暗示，始终以乐观、豁达、自信的心态去面对每一件事。当我们在身心上都处于一种从容、放松的状态时，人自然就开朗起来。

除了思想和心理上的改变，你还需要一些行动上的实践。比如，多尝试主动和别人交流。有些内向的人可能看见别人都会脸红，但即使这种情况，也要努力克服恐惧，主动寻找话题，勇敢地开口，哪怕只是简单地打招呼；再如，多参加团体性活动，磨炼自己的能力。学校里的辩论赛、演讲比赛、文艺演出等，都是锻炼和表现自己的好机会。通过与人交流和实践锻炼不断提升自己的沟通能力、语言表达能力，培养和树立自信，久而久之，内向的人也能在日常交往中变得落落大方、热情开朗。

第二篇

快速解决学习疑惑

08 天

为什么要学习外语？

“语言是工具、武器，人们利用它来互相交际，交流思想，达到互相了解。” ——斯大林

根据高考外语学科考试政策，全国统考科目中的外语分英语、俄语、日语、法语、德语、西班牙语6个语种，由考生任选其中一个语种参加考试。“我是中国人，学习语文就够了，为什么还要学习外语呢？”有的同学在学习外语时会有这样的困惑。

具体而言，在学校和生活中，学习外语有很多益处。

首先，外语特别是英语，是很多学校里的必修课，是考试的必考科目，这个客观因素要求我们必须学习外语。因为这门学科关乎我们的整体成绩，会影响我们的后续学习和深造。

其次，相信大家在学习政治的时候，老师会讲到近年来国际化、全球化成为不可逆转的趋势，各国之间的联系逐渐加强，世界是不可分割的命运共同体。语言是人类认识世界的窗户，是对外沟通的桥梁，要想跟上世界发展的脚步，怎么能不懂别国的语言呢？学习外语，有助于你更好地了解世界其他国家的文化、风俗、社会发展状况等，开阔视野，提升个人素养和综合能力。现在很多工作都要求掌握一种甚至多种外语，学好外

语能够为你未来的人生道路提供更多的便利，创造更多的机会和可能。

俗话说：“技多不压身”，多学一点东西总是没有坏处的。现在在学校可能还不明显，但是等到进入社会真正用到的时候，你就会感谢现在勤奋的自己！所以，趁着还年轻，多学习一门外语吧！

09天

不喜欢的科目学不下去怎么办？

“人的知识愈广，人的本身也愈臻完善。” ——高尔基

如今，学校的课程设置越来越丰富，结构也越来越合理，但在众多的科目中，可能有一些是你不喜欢的，无法提起学习兴趣。而越不喜欢就越不想学，越不想学，成绩就越差，往往更增加了对这些科目的厌恶感。那面对不喜欢的科目，应该怎么办呢？

首先，你要正确认识每个科目存在的价值和意义，对于任何一个科目都不要对它抱有偏见，不要觉得它没有用处。例如，语言文字是认知的基础，语文课有助于提高你的认知能力、理解能力和表达能力；物理学是探索物质世界的基础科学，小到烧水做饭、用打气筒打气，大到火箭升空、原子弹爆炸，这些都与物理学紧密相关，物理课能够加深你对物质世界的认识，帮助你形成科学思维；艺术可以陶冶情操，音乐课、美术课可以丰富你的情感体验，帮助你放松心情，缓解学习压力……当你不喜欢某个科目时，不妨静下心来，仔细想想它对你的重要性。

其次，曲线救国，当你发现不喜欢某个科目的时候，试着先从其他方面入手，帮助自己喜欢它。比如，虽然这个科目你

不喜欢，但是你很喜欢教这个科目的老师，那你可以找机会多与老师进行沟通，把你课上没听懂的地方标记出来，下课后去请教老师，或多与老师交流自己对该学科的想法，寻求老师的帮助；再如，约着好朋友一起学习不喜欢的科目，互相鼓励，激发学习动力和乐趣，一起努力进步。通过迂回的方式，当你原来不喜欢的科目成绩有所进步时，你会更有信心和动力继续学下去，学习兴趣也会自然而然产生了。

态度决定行为，面对不喜欢的科目，希望你可以鼓起勇气和信心，努力培养自己对它的学习兴趣，变弱项为强项，早日将它转化为自己的优势科目！

10天

我成绩好就够了，为什么还要去学其他的呢？

“成功的科学家往往是兴趣广泛的人，他们的独创精神可能来自他们的博学。” ——贝弗里奇

学习是一个很宽泛的词，并不仅仅是学习书本上的知识才叫学习，在其他各个方面上的探索和求知都属于学习的一种。成绩好说明在知识学习这个领域，你的能力较强，但成绩出色并不是学习和生活的全部。

比如，你需要维护人际关系，有一个良好的人际环境会让你的学习和生活更加舒心。怎么与同学互帮互助并保持良好的关系，怎么与老师、家长友好相处，这些不是与生俱来的，也是需要学习的。

再如，健康是人生的最大财富，身体是革命的本钱，除了学习文化知识，你还需要知道怎样保持身体健康。长期不运动，可能会导致心肺功能下降、身体肥胖等问题，大脑也容易疲惫，影响学习效率，而不科学的运动方式也会伤害身体。暴饮暴食对身体的危害很大，挑食、偏食和过度节食也会导致营养不良，同样影响身体健康。该如何锻炼，如何健康饮食，这些也都是需要学习的。

又如，学习之余，我们应该有一两个兴趣爱好来调剂生活，放松自己。作家汪曾祺曾写道："一个人不能从早写到晚，那样就成了一架写作机器，总得岔乎岔乎，找点事情消遣消遣，通常说，得有点业余爱好。"你也一样，不能从早学到晚，在闲暇之余，还要适当发展自己的兴趣爱好。绘画、听音乐、跑步、游泳……良好的兴趣爱好可以充盈你的精神世界，帮助你舒缓学习压力、提高学习效率、磨炼你的意志力等。

所以，成绩好只代表你在学习领域的优秀，并不是在各个方面都优秀。你还需要去学习更多的知识、技能，培养广泛的兴趣爱好，让自己变成一个"全能选手"，让生活更加丰富多彩，让生命更加健康充盈。

11天

为什么背诵全文那么难啊？

“锻炼记忆力的良好方法是锻炼自己的注意力。”——爱德华兹

有多少同学看到课本文章最后出现“背诵全文”四个字就头大？背诵单词、简短的文章片段等，对大部分同学来说并非难事，但是背诵全文往往需要花费大量的时间和精力，背完后又很容易遗忘，因此令不少同学犯怵。其实，背诵全文是有技巧的，当你掌握了这些技巧之后，就会发现背诵全文也没有想象中的那么难了。

“理解并背诵全文”，背诵的前提是理解。当你要背诵一篇文章时，你要做的第一件事就是把文章里不认识的字词或者语句的意思了解清楚，甚至作者写这篇文章的背景、所要表达的情感等相关内容，你都应该去了解一下，理解了才能更好地背诵。

在背诵之前，你还要把文章熟读几遍，了解文章的基本脉络，如果连朗读都做不到流畅，就不可能做到快速又准确地背诵。然后，你可以把文章分成一部分一部分地去背诵。这里的部分，可以按照文章原本的段落去分，也可以按照内容的层次去分，还可以按照你自己的理解去分。最后，借助你的想象力把文章中的故事在脑海里还原，按照分层顺序一点一点地往后背。这样就像在自己的脑海里看了一场电影一样，会更容易记忆。

接下来就是查漏补缺。用前面的方法背诵时，可能不会非常准确地把每个字都背下来，但是考试的时候又要求你每个字都不能错，所以这个时候你就需要查漏补缺了。你可以背给你的同学听，让他帮你找背错的地方，也可以自己默写一遍，然后对照课文找自己背错的地方，还能检查有没有写错别字。

背诵全文最忌讳死记硬背，下次再背诵的时候，多去尝试一些背诵技巧吧，找到最适合自己的那种，以后背诵全文就不是一个大难题了。

12天

怎么才能摆脱“死记硬背”的学习困境呢？

“若蛮读蛮记蛮温，断不能久熟，徒耗日工而已。”——曾国藩

同学们都知道学习要活学活用，但是有些同学学着学着就陷入了死记硬背的学习困境。大多数死记硬背的同学，其实都是因为忽略了一个关键步骤，那就是思考。懒得思考，上来就开始背，没有理解识记内容的含义和各知识点之间的联系，记忆起来自然吃力。下面，就给大家介绍几种有助于高效记忆的小技巧。

首先，要学会总结规律，善于发现知识点之间的关联性，尽量降低记忆的难度。比如说英语单词中的各种“痛”，头痛headache，胃痛stomachache，牙痛toothache，我们会发现每个单词后面都会有一个“ache”的后缀，那我们记忆这些单词的时候，就只需要记住前半部分就可以了，这样背诵下来不就节省一半的力气了吗？

我们还可以通过图解来帮助记忆。比如，上课的时候老师会在黑板上写下某节课或者某个章节、单元的思维导图，这就

是图解的一种。借助思维导图我们可以把各种散乱的知识点通过一条主脉络串联在一起，增加记忆的黏性，使记忆更加牢固。

还有一些知识，本身可能没有什么逻辑性，需要强行记忆，比如朝代变化、元素周期表等。记忆类似内容时，可以借助一些朗朗上口的歌谣、口诀等帮助我们提高记忆的速率和准确性。比如历史朝代歌：

夏商与西周，东周分两段。

春秋和战国，一统秦两汉。

三分魏蜀吴，两晋前后延。

南北朝并立，隋唐五代传。

宋元明清后，王朝至此完。

实现高效记忆的关键是尽量将需要识记的内容趣味化、简单化、系统化，希望大家能够根据自身的学习情况早日总结出适合自己的高效记忆法，打破“死记硬背”的学习困境。

13天

打游戏能让我放松，为什么不能打？

“好的习惯越多，则生活越容易，抵抗引诱的力量也越强。”——詹姆斯

适度打游戏确实能使人放松，但是对于还是一名青少年的你来说，打游戏不是最佳的放松方式，现阶段游戏带给你的危害远远大于它带给你的轻松。

首先，就游戏本身而言，现在的游戏大部分含有暴力、血腥等元素，还有些游戏内容胡编乱造，忽略了真正的史实，不利于青少年形成正确的认知结构和价值观。同时，很多游戏需要付费才能玩，而作为学生，你大概率是不具备赚钱能力的，因为玩游戏花光父母多年积蓄的案例屡见不鲜，很容易引发你与父母之间的冲突。

其次，相比其他事物，打游戏非常容易上瘾。游戏更容易给人带来短暂的成就感和满足感，让人觉得刺激和兴奋，因此非常容易沉溺其中。《2021 年全国未成年人互联网使用情况研究报告》数据显示，2021 年，我国 62.3% 的未成年网民会经常在网上玩游戏，其中，玩电脑游戏的比例为 26.8%，玩手机游戏的比例为 53.2%。尽管国家对未成年人游戏账号的管理趋

于严格，但未成年人使用家长的账号登录游戏，从而逃避网络游戏服务时段时长管理的情况较为常见。而网络游戏成瘾的危害绝不仅仅是让你荒废学业，还会严重影响你的健康和生活。例如，经常使用电子设备会影响视力，导致近视、散光等问题；长时间坐着玩游戏也不利于脊椎发育。由此可见，借助游戏来放松，最后很可能不但起不到放松的作用，反而带来很多负面影响，得不偿失。

前面我们提到过好的兴趣爱好能够充实和丰盈我们的内心世界，如果你喜欢游戏里的各种特效画面，不如去科技馆看看咱们真正的“科技大片”，了解科技的进步与创新；喜欢动漫人物，不妨拿起画笔学着绘制出独一无二的“游戏角色”……这些方式不仅能让你放松，还能让你远离游戏带来的危害。下次觉得有压力的时候，不妨试试吧！

希望你可以做一个能坚决抵制诱惑的人，不要掉进游戏的陷阱里！

14天

做事总是三分钟热度怎么办？

“我之所以能在科学上成功，最重要的一点就是对科学的热爱，坚持长期探索。” ——达尔文

想要学画画，学了两天就没有兴趣了；想要健身，跑步跑了三天就坚持不下去了；想养小动物，养了没几天就觉得太麻烦了……很多人做事情总是三分钟热度，开始时一腔热血，但很快就偃旗息鼓，这是缺乏恒心和毅力的表现。

其实，对于三分钟热度我们不能全盘否定，比起尝试都懒得尝试的人，有三分钟热度至少说明你有了想要开始的决心，那如何将三分钟热度转化为长久的热爱和坚持，就是接下来我们要讨论的话题。

事情有复杂的，也有简单的，你可以把那些复杂的、难度大的任务，拆分成一个个小的阶段性任务，逐一去完成。这样可以减少行动上的阻力，避免一开始就出现畏难情绪。例如，你决定练字，但书法老师告诉你，写出一手好字需要你坚持练习很多年，你一听心里可能就开始打退堂鼓了。但是如果告诉你，今天只需要练习十个字，明天只需要练习二十个字……循序渐进地增加，你肯定会觉得容易多了；然后再告诉你今天的字要写好，明天的字要比今天好一点点，保证以后每一天的字

都比前一天更好一点，你应该会觉得这个也不难。这样把艰巨的任务分割成一个一个小的任务，就不会因为畏难情绪而坚持不下去了。

同时，你可以自己制作一个任务单，把拆分好的小任务一条一条记好，每完成一项就在后面打个“√”，让自己能够清晰地看见自己的完成进度。每当完成一个小任务的时候，所获得的成就感也会让我们有继续下去的动力。而且记录的结果会提醒你已经完成这么多任务了，现在放弃也太可惜了吧，再坚持一下很快就完成了。很多时候选择放弃，是因为你不知道还需要多久才能完成这个任务，而清单会一目了然地帮助你。

当你已经出现想放弃的念头时，要及时审视你的计划或目标是否合理。如果过难要及时调整，如果是合理的，那可以从原来拆分完的任务中先选择一些比较简单的、不排斥的来做，或者可以先停下来适当休息，给自己一点缓冲的时间调整心态，找回状态，然后再继续。坚持不是说一刻不停才叫坚持，适当地休息才能让你坚持得更久。

最后，要提高自己做事的效率和能力，本来一个小时可以完成的任务，因为效率低，致使三个小时都没完成，自然很容易心态崩溃，难以继续坚持。

“读不在三更五鼓，功只怕一曝十寒。”让我们一起努力，把三分的热爱转化为十分的坚持吧！

第三篇

自主养成良好习惯

15天

上课总是注意力不集中怎么办？

“总以某种固定方式行事，人便能养成习惯。” ——亚里士多德

有些同学上课时总忍不住东看看西看看，摸摸这个戳戳那个，注意力不集中，进而导致课堂学习效率低，成绩下滑。上课注意力不集中并不会随着年龄的增长而自行改变，需要个人主动去改正，而且也不是一天两天的坚持就能完全改正的，需要长时间的自律来形成。那如何才能有效解决注意力不集中的问题呢？

一是采取分段完成法，循序渐进地改正。比如，一节课45分钟，你开始可以先认真听十几分钟，中间休息一两分钟，然后继续认真听十几分钟，休息一两分钟……如此循环，直到一节课结束。该认真听讲的时候认真听讲，坐不住的时候就适当让自己休息一下，但是一定不要让自己的学习时间少于休息时间。另外，下课后还要主动找同学或老师把上课没有听到的内容补回来。等每节课都能保持这种程度之后，就可以逐渐延长学习时间，减少休息的时间和次数，直到能够认认真真地听完一节课为止。虽然这个过程会影响上课的效率，但是比你一节课中半节课都在跟自己的注意力作斗争要好得多。

二是可以通过自己感兴趣的事情来锻炼自己的注意力。比如，你对拼图感兴趣，那么你就可以在自己忍不住想放下拼图做别的事情的时候，强制要求自己继续拼，因为对于自己喜欢的事情，注意力会更容易集中。进行类似的锻炼，长期坚持下来相信也能帮助你在学习上更加集中注意力。

三是自己一定要有集中注意力的意识。当你想开小差的时候，你要告诉自己这样是不好的，自己不应该这样做，而不是告诉自己“我就玩一小会儿”，不然一小会儿最后可能会变成一节课！

最重要的是，不管采用哪种方法，都要坚持住，不能三天打鱼，两天晒网，最终前功尽弃。

16天

听课一定要记笔记吗？

“好记性不如烂笔头。”　——谚语

俗话说：“好记性不如烂笔头”，上课记笔记这件事对于同学们来说还是很有好处的。

很多同学上完课接着回想这节课的内容，都不能百分百复述，更不用说等到半学期、一学期后要考试的时候了。人的记忆力是有限的，所以出现遗忘现象是正常的。为了尽可能减少遗忘，我们需要找其他方式来辅助记忆，而记笔记就是一种很好的方式。

这时候有些同学又会有疑问了，有些老师讲话很快，我来不及记下所有内容怎么办？记笔记其实也是有窍门的，老师讲的内容并不需要一字不落地记下来，你要明确哪些是你需要记的，哪些是可记可不记的，还有哪些是不需要记的。你只需要把自己不会的、没听懂的地方和需要重点理解、记忆的内容记下来就可以了，而那些在课堂上你就已经掌握的知识点或较简单的内容，就没有必要浪费时间再写一遍了。

例如，框架提纲法。在课堂上，老师有时候可能会把这节课的重点难点、框架脉络等列在黑板上，这些内容就是这节课的主要结构和主要知识点，记下这些框架提纲，有助于课后回顾复习，整体把握知识结构。你还可以用关键字笔记法、目录索引法、图文并茂法等，这些小方法可以帮助你提高记笔记的效率，不妨学起来、用起来。

如果确实有些内容来不及记下来，那不要忘记你还可以向其他同学求助，借他们的笔记来把自己没有跟上的内容补充完整，以后遗忘的时候就不会没地方解惑了。

当然，笔记只记下来是没有用的，就像图书馆里虽然有很多书，但是如果你不看，那对你而言这些书就没什么价值。笔记也是一样的，即使你记了，但如果你不看，那它们的价值也会大打折扣。所以记了笔记之后，更重要的是要经常翻看。

17天

为什么要整理错题集呢？

"错误是不可避免的，但是不要重复错误。"　——周恩来

很多同学考完试之后会懊恼："这道题我以前做过，但是我又忘了！""这题我怎么跟上次错得一样啊！"明明是一样的题目，但是第二次做还是不会，明明一样的错误，重复犯了很多次，该怎么办呢？整理错题集是一个很好的学习习惯，能有效解决你的这些苦恼。

错题集，顾名思义就是把错题整理成一个册子。为什么要整理错题呢？因为题目出错就意味着你对这个知识点掌握得还不是很牢固，这次错了没有注意它，下次可能还会犯同样的错误。当然，如果有些题目是你靠运气猜对的，记得也要把它们归属到错题集里面。

整理错题不是简单地把错题和正确答案抄写下来就结束了，机械地抄写对加深理解和记忆作用不大。整理错题集的目的是把你知识的薄弱点找出来，并分析其原因，究竟是因为粗心错的，还是因为不会错的，知道原因之后就可以将错题分类归纳，分析解题思路，总结规律方法，然后寻找同类题目有针对性地进行强化练习，对症下药，巩固提高，避免下次再犯同

样的错误。因此，整理的过程其实就是反思的过程。

整理完的错题还要时不时地拿出来复盘一下，直到你已经能够熟练解决某类题型，才能将它们从你的错题集里剔除。这样你就能随时检查自己对于知识点的理解、掌握和运用程度了，错题集变薄的过程，也是你进步的过程。

18天

为什么在学校我能认真学习，但是在家里效率就很低呢？

“心不在此，则眼不看仔细，心眼既不专一，却只漫浪诵读，决不能记，记亦不能久也。”——朱熹

相信很多同学都有这样的困惑，在学校能够认真学习，效率也很高，但是在家里就不能高效学习了，这是为什么呢？

一是因为在家的诱惑比较多，容易分散注意力。在学校里大家都在认真学习，你也会不自觉地沉浸在学习的氛围里，效率自然而然就高了起来。但是在家里，没有那么多同学跟你一起学习，也没有老师督促你，很容易不自觉地放松自己。而且家里还有电视、手机、课外书等各种干扰因素，让你更不能专心学习。你的注意力不在学习上了，效率自然就没有在学校的时候那么高了。

二是因为在家没有合理地安排自己的时间。在学校，大家的学习任务相对明确，但在家，如何安排学习时间主要靠自己。很多同学在家学习时缺乏科学合理的规划，目标不明确。例如，写作业的时候，写着写着突然想到老师还让你背课文，你又去背课文，背着背着，你又想到老师还要求你整理学习资料，你又转头去整理资料。这样东一榔头，西一棒槌，十分影响你的学习效率。再如，放假期间，前期一味玩乐，临近开学才“挑灯夜读”，疯狂补作业，自然很难保证学习质量。

所以，在家的时候你也要保持高度自律，合理规划时间，自觉主动地去学习，学习时尽可能不要被其他的事情分散你的注意力，避免拖延，这样你在家也能高效学习啦！

19天

为什么老师讲课我能听懂，但是自己做就不会了？

“学而不思则罔，思而不学则殆。”——《论语·为政》

这个问题就好像学习骑自行车，刚开始的时候，有人扶着你，你能骑得很稳当，不会摔倒，但是当扶你的那个人松开手，让你自己骑的时候，你就会东倒西歪，甚至直接摔倒在地上。老师就相当于那个扶着你的人，有他在，你就觉得自己学会了，但是当他撒手让你自己来的时候，你就会发现完全不是刚刚那回事，自己根本就没学会！

听懂了不等于学会了，什么才是真正的学会了？是你能够独立运用所学解决问题。老师上课的时候主要讲的是基本概念和方法，我们一般都能听懂，但听懂并不意味着已经把这些概念吃透，融会贯通。那如何才能做到牢固地掌握知识并熟练地运用它们解决问题呢？课前预习和课后复习是很好的方法。通过课前预习，你可以对将要学习的内容有一个大概的了解，对其中的重难点和自己看不懂的地方做到心中有数，在老师讲课时着重听这些地方，从而有效提高听课效率。通过课后复习，可以及时巩固知识，加深理解，真正将所学内化于心。比如，每节课下课后可以试着回忆一下，这节课老师讲了什么内容？这个内容和以前讲过的有没有什么关联？然后把你能想起来的知识点复述出来，在复述的过程中，你就会找到自己掌握不准确、不牢固的知识点，在平时复习时要注意重点巩固它们。在日常练习中，你可能还会遇到更多不会的问题，这时应再回去复习相应的知识点，直至你能把这些知识点“吃透”为止。

学习其实就是一个不断重复的过程，不会怎么办？那就再学一遍，一遍不行就两遍，直到自己完全理解为止。

20天

总是粗心要怎么办啊？

“对微小事物的仔细观察，就是事业、艺术、科学及生命各方面的成功秘诀。” ——史迈尔

“这里我抄错数字了，不然我能得分的。”“这个计算结果我忘记加单位了，不然就不用扣分了。”相信很多同学看到这些话都觉得很熟悉，有的是听别人说过，有的是自己说过。大家表达的意思是“不是我不会，是我太粗心了”。

在日常生活和学习中，有些同学总是丢三落四、粗心大意，有些时候，粗心带来的后果可能对我们的影响不是很大，但是在一些重要场合和关键时刻，失之毫厘会导致谬以千里，这时粗心带来的危害是巨大的。例如，每年中考或者高考时，总会有考生因粗心走错考场或忘带准考证而错过考试；有个别医生在手术时，因为粗心将手术器械遗留在患者体内，对患者的身体造成了严重的伤害……这些教训都是惨痛的。

态度是解决问题的基础，对待问题要有主动改正的态度，要是你自己都不在意，那再简单的毛病也是无法改正的。很多同学可能在思想上认识到自己有粗心的毛病，但是每次因粗心而犯错后，并没有认真反思，在行动上做出改变，只是自怨自艾地说“因为粗心而已”，下次还是会犯同样的错误。所以面对粗心这件小事，最重要的是端正自己的态度，用心去改正它。

解决完态度的问题，就到了具体实践环节，你有了要改正粗心毛病的决心后，还要积极行动起来。比如，不管是日常练习还是考试做题的时候，都要认真一字一句地去读题，不要遗漏信息，不要被题目中的小陷阱所迷惑。等到落笔的时候认真去写，不要出现抄错数字、笔误等情况，争取把每一个小细节都做好。最后，千万要记得检查，进一步提高准确率！

只有平时有意识地用高标准严格要求自己，养成做事认真有条理的好习惯，才能改正粗心的毛病噢！

21天

如何克服拖延症呢？

“盛年不重来，一日难再晨。及时当勉励，岁月不待人。” ——陶渊明

对于一件任务，有些人永远是不到最后一刻就绝不动手去做，就像有些同学的作业，永远是赶在最后一刻才能完成。所以，现在我们来讲讲如何克服拖延症。

首先，你要确立一个明确的目标。要想摆脱拖延症，就要在第一时间明确目标，这样才会有动力去做。就像你写作业，给自己规定七点钟之前必须完成，然后就奔着这个目标努力。目标定好后必须马上去做，不要停、不要等，否则这个目标只会无限制地拖延下去。

其次，要学会巧妙利用时间，不要总抱怨时间不够用，时间是有限的，但你可以学习如何更高效地利用时间。比如，充分利用碎片时间来完成小任务。不要小瞧了这些碎片时间，可能三分钟你就能背一个单词，积少成多，也会有不少的收获。

再次，要根据事情的难易程度合理安排完成顺序。在有多个难易程度不同的事需要完成时，建议优先选择难度较小的。比如，今晚的数学作业很难，需要耗费较多的时间和精力才能完成，而有的学科作业较为简单，很容易就能完成。如果你选

择先做数学作业，很可能被眼前的难题阻挡了脚步，产生挫败感。等做完数学作业，已经没有心情再做其他学科，这种情况下，很容易产生拖延心理。如果先完成简单的学科，过程也比较顺利，再做数学作业时心情会更愉悦一些，也会更有信心完成。

最后，当某些任务因种种原因确实不能在计划的时间内完成时，你应该根据实际情况及时调整计划，尽可能快地完成该项任务，可以超过预定时间一点，但是不能超过预定时间太多，更不能因此而无限期地搁置任务。

请有拖延症的同学抓紧对症下药吧，努力早日成为一个高度自律的人。

第四篇

正确对待读书考试

22天

明明考试前我都复习了，但为什么总考不出好成绩？

“业精于勤，荒于嬉；行成于思，毁于随。”——韩愈

对于考试同学们可以说是“身经百战”，但有很多同学在考完试之后会感到非常懊恼：为什么考前我都复习了，但是考试的时候就是考不好呢?

当你遇到这个问题时，首先，应反思自己真实的学习状况。有些同学考试前虽然复习了，但并没有全身心地把精力投入学习中，而是有一搭没一搭地学习，自然考不出好成绩；还有些同学，平时学习不认真、不刻苦，等到考试之前，临时抱佛脚，即使学得很认真，成绩也自然比不上一直坚持学习的同学。所以，想要取得好成绩，还是要把功夫放在平时，坚持不懈地学习才能让你在面对考试的时候游刃有余。

另外，复习要讲究方式方法。可以制订一张计划表，将每天要复习的内容整理在表格中，要根据自己的实际情况出发，有针对性地复习。比如，语文薄弱就在语文上多花点时间，数学薄弱就在数学上多用功；在复习时，不能只用眼睛盯着书本看，要多动笔练习，也可以张嘴复述，同时调动我们的多种感官去学习；对学过的知识，平时还要时不时地回头看一看，反复强化记忆，减少遗忘。

除了前期的学习之外，影响考试成绩的还有你的心态。有一些心态不好的同学，在考试的时候容易过度紧张，写字时手都会哆哆嗦嗦的，这种情况下就算你准备得再充分，也不可能在考场上发挥出你真正的实力。所以，同学们还要学会用平和的心态面对考试。

扎实的基础是自信考试的源泉，良好的心态是成功制胜的宝典。下次再遇到没考好的状况，可以认真反思一下自己是不是真的刻苦学习了，有没有用良好的心态对待考试。

23天

考试前很紧张正常吗？

“成功的法则应该是放松而不是紧张。” ——马克斯威尔·马尔兹

紧张是人对外界事物反应的加强，而对于学生来说，考试前紧张是很正常的现象。适度的紧张能提高大脑的兴奋程度，有助于潜能发挥，对考试来说是好事，但过度紧张则会影响正常水平的发挥，应当及时加以调整。想要克服考试过度紧张和焦虑，首先要做的就是正确认识考试。

考试是对我们一个阶段学习成果的检验，能够帮助我们查漏补缺，所以考试对于我们来说是一件好的事情。其实，一次考试的成绩不是判断你学习好坏的标准，大家不用太过于在意。考得好，说明你这一阶段的知识掌握得比较牢固，要再接再厉；考得不理想，就认真分析原因，及时调整学习方法，争取下一次进步。所以，同学们要学会正确认识考试，考试前不要给自己过多压力，平时努力学习，考试前认真复习，考试时尽力而为，把自己的正常水平发挥出来就行了。

同时，同学们可以学习一些自我放松的方法，缓解考试紧张。例如，在考试前，你可以提前去熟悉考场。人在自己熟悉的环境里会觉得放松，而在一个陌生的环境里会更容易紧张。

当你知道自己要去哪里考试的时候，先去熟悉一下考场，这样等到正式考试的时候，就不会觉得在这个环境里没有安全感了。除此之外，听音乐、深呼吸、适当运动、吃美食、与朋友聊天等，都能让你在考前放松心情。

现在你知道了，考试前紧张是很正常的，不要过于担心，学会掌握一些小技巧，让自己放轻松就好了！

24天

父母总是喜欢给我买很多书该怎么办？

“书籍是人类进步的阶梯。” ——高尔基

我是一个喜欢读书的人，如果父母送我很多书，我会非常欢喜。但有些同学不喜欢读书，就会抱怨父母又给自己买了好多书，可是自己根本连翻开的兴趣都没有，但是不看又要遭受父母的灵魂拷问，读书好像成了一种负担。

“腹有诗书气自华”，有一点你应该确信，读书对一个人来说大有裨益，如果你不爱读书，或者没有养成读书的习惯，那是一件很遗憾的事情。读书可以陶冶情操、拓宽视野、启迪智慧等，对你的学习生活乃至一生都会产生重要影响。例如，很多同学在写作文的时候觉得没有内容可以写，那是因为你读的书太少了！书中包含了数不清的素材和灵感，你读得多了，自然“下笔如有神”。

到这里肯定又有同学要问了：“我就是读不进去怎么办呢？”你可以尝试先从感兴趣的书入手，培养阅读爱好，这样更容易坚持下去。而且，并不是每一本书都要像读课本一样，一字一句地去读、去分析。有些书籍，你可以快速略读，了解一下即可，这样读书既能让你知道书籍的大概内容，又不会觉得疲惫；如果有的书籍你非常感兴趣，那你就可以认真仔细地去读，细细品味作者的构思和意图。对待不同的书籍可以有不同的读书策略，合理分配自己的时间和精力，才能让读书变得轻松而又有价值。

下次父母准备给你买书的时候，你可以跟他们一起去，挑选一些自己喜欢的书，这样读书就不会变成你的负担和痛苦了。当然，也可以邀请父母和你一起读书，读完后也可以试着和他们分享你的收获。

25天

书看完了，但是对书的内容没什么印象是怎么回事？

“不加思考地滥读或无休止地读书，所读过的东西无法刻骨铭心，其大部分终将消失殆尽。”——叔本华

有很多同学可能存在这个疑惑：花了很长时间看一本书，书看完了，但是书里写了什么，好像没什么印象。这是怎么回事？

造成这种现象的原因可能是你读书的时候不认真，注意力不集中，很多地方都是一扫而过，印象不深；也可能是因为你读书时没有进行梳理和思考，读完之后也没有继续深究这本书所表达的意义是什么，对书的内容理解吸收不充分，所以很快就把内容都忘记了。

“书读百遍，其义自见。”当你读完一本书，回过头来发现对书的内容没有印象时，最好的办法就是把这本书再读一遍。再次阅读时，遗忘的内容会随之被唤醒，也可能会给你带来不同于上次的感悟。当然，重读之前你要先快速翻阅，分析判断这本书对你来说是不是有再次阅读的价值，如果书的内容对你并没有什么帮助，就没必要再次阅读了，反之，则需要重新阅读。

同时，为了加深对所看内容的印象，你可以在读书的时候多做一些笔记。你对书中人物的印象，对内容观点的看法，这些都可以随笔记下来，书中优美的句子、段落，也可以摘抄下来。等到有些遗忘的时候，看看自己记的笔记，就能知道书中的大致内容了。

读到一本好书的时候，还要学会分享。比如，参加班级的读书分享会。你站在讲台上把书中的内容分享给同学听，不仅让同学了解了书中的内容，同时你对内容的理解也会因为分享变得更加深刻。有些故事情节在脑海中想了很多遍也不一定能复述出来，但是你能复述出来，就说明它已经在你的脑海中留下了深刻印象。有这样的思考和整理，你还担心记不住书中的内容吗?

26天

每一本书都要仔细读完吗？

“读书不要贪多，而是要多加思索，这样的读书使我获益不少。”
——卢梭

世界上的书有很多，我们不可能每一本都打开来读，所以我们要学会在众多书籍中挑选出合我们心意的书、有价值的书再去读。

既然书要仔细挑选之后再来读，那么读书的方式当然也需要进行“挑选”了。有的书你很喜欢，而且是众所周知的好书，那么你就可以选择精读，逐字逐句去品味书中的意蕴，圈点勾画出你喜欢的文字句段，或者读完之后写下一篇读书感悟。精读能让你更深刻地体会书中所传递的精神价值，即使时间过去很久，也能记忆犹新。

如果一本书你并不是非常喜欢，只是有点兴趣，或者认为对你来说阅读价值有限，那么你就可以选择略读。快速翻阅全书，了解一下书的故事背景、人物经历，看看作者想要表达的观点态度等，对这本书有个大致的了解就好。但是，如果你略读完后觉得这本书还不错，或者由最开始的有点兴趣，变成非常有兴趣，你就可以再从头精读一遍。虽然花费的时间多了一点，但是收获同样也会更多。

有时候我们会因为别人的推荐，或者因为看了书的简介觉得感兴趣而去买一本书，但买回来之后却发现自己并不喜欢里面的内容，这时候就会产生食之无味、弃之可惜的矛盾心理，不知道该怎么办了。其实很简单，觉得不想看它的时候，那就先把书合上，不用强迫自己去读。当你带着强迫的心情去读书时，只会让这本书变得更“无趣”，甚至以后再想起这本书的时候，还带着一点抗拒。但是，如果你把这本书先放在一边，说不定等到哪天又会有其他朋友给你推荐，或者因为某些经历，你想起了这本书，那么这时候就是再次打开它的时机。

所以不是每本书都要仔细读完，你可以精读，也可以略读，甚至可以不读。世界上有那么多书，人们穷尽一生也难以读完，能选择自己喜欢的书、有价值的书仔细读完就很好了。

27天

写不出读后感怎么办？

“劳于读书，逸于作文。” ——程端礼

同学们都有写读后感的经历，但很多时候是为了完成老师布置的任务而写。对于一些不喜欢写读后感的同学来说，写读后感最大的问题无非是“我没有感想”。

其实，写读后感远没有你想得那么难。你看一部电影，跟别人聊一会儿天，都会有感想，读完厚厚的一本书又怎么会没有感想呢？只是你不知道如何将自己的感想转变成文字罢了。

大家常写的读后感就是简单地把书中的内容概括描述一遍，这种其实并不能算是读后感，只能算内容简介。读后感最重要的是在“感”这个字上。打个比方，你看《西游记》，觉得非常喜欢孙悟空，这种“喜欢”就是你的感觉，然后你就可以根据这种喜欢去拓展，你为什么喜欢？可能是因为他的武力高强，也可能是因为他有情有义。那继续往下面拓展，他武力高强在哪里？有情有义体现在哪些情节之中？这些都可以写出来。最后，你可以做个总结，他是你最喜欢的人物，你要努力学习他身上重情重义、机智幽默等优秀品质，这就是一篇简单的读后感了。

另外，前面我们说过，大家读书时要养成做笔记的好习惯，把精彩的语句或感悟深的地方摘抄下来，平时写的时候可以先从模仿开始，学习别人是怎么描绘情节起伏的，怎么写人物的……时间长了，你就会发现，你也能够很顺畅地把自己的想法写出来了。

所以，不要怕写读后感，多动笔，哪怕一开始写得很差也不要灰心，慢慢来就会有进步了。但一定要写出真情实感，写出发自内心的感受，不能为写而写，脱离原文泛泛而谈，或机械地照搬照抄原文，这样的读后感是没有意义的。

28天

如何提高写作水平？

“真实的创作灵感，只能来源于现实生活。” ——邓拓

写作文对于很多同学来说是一件非常头疼的事情，一写作文就眉头紧锁，这次我应该写什么？是妈妈冒着大雨给我送伞，还是背着我去医院呢？该怎么写？正叙、倒叙还是插叙？好不容易冥思苦想写出来，却被老师说写得像流水账一样，平淡、枯燥、没有新意，该怎么办才好呢？

毫无疑问，多读书是能够解决这个问题的。一个人但凡有了读书的癖好，也就有了看世界的一种独特眼光，甚至有了一个属于他的丰富多彩的世界，但这需要一个日积月累的过程，并非一朝一夕能见效的。所以，你要把读书作为一个长期习惯保持下去，通过不断地积累来提升自己的作文水平。

作文来源于生活，你在作文里写的，可能是你亲身经历的事情，也可能是你看到的别人经历的事情，总归是来源于生活的，所以细心观察生活也是提高写作水平的一个重要方法。生活中看似平平淡淡的小事，只要你认真观察，倾注真情实感，也能写出不一样的精彩。

学会灵活运用各种写作手法。白开水寡淡无味，而咖啡醇香浓郁，茶水清香甘甜，各种写作手法就像是咖啡和茶叶，把它们加入白开水中，喝起来会更有滋味。在文章中灵活运用各种写作手法，会让文章读起来更生动有趣、更富有感染力。

所以，想要把作文写好，需要多读书，积累素材，细心观察生活中有趣的事情，同时，多掌握一些写作的方法和技巧。这样写出来的文章自然不会像流水账了。

第五篇

轻松摆脱校园烦恼

29天

为什么坐在同一间教室听课，我没有同桌的学习效率高呢？

“培育能力的事必须继续不断地去做，又必须随时改善学习方法，提高学习效率，才会成功。”——叶圣陶

说到同桌，这真是一个充满青春与活力的词。每个人从开始上学的时候，都会有一个伙伴坐在你的旁边，跟你一起度过这美好的校园生活。

在学习中，有的同学会有这样的疑问：为什么坐在同一间教室里听课，自己和同桌的学习效率相差那么大呢？在课堂上，你与同桌有同样的老师、同样的学习环境、同样的上课时间，在这些外部环境相差不大时，起决定性因素的就是我们自身了。上课的时候同桌在认真听讲，你在开小差；老师提问的时候，同桌能认真思考，你却满足于被动接受……这些不起眼的小事情，在不知不觉中就影响了你们的听课效果。最终，每一节课你同桌的效率都比你高一点，长此以往，你和同桌之间的差距也就越来越大了。

除课堂学习效率不同之外，课下的学习态度也是导致这种差距的重要原因。例如，你对待作业敷衍了事，而你的同桌却认认真真地完成，你很少预习或者复习，而你的同桌却能做到课前认真预习，课后及时复习，对于不懂的地方还会请教父母、老师或同学，这样你们两个之间的差距也会越拉越大。

所以，当看到与同桌的差距时，你不妨从自身找找原因，对待学习更认真一点、更努力一点，说不定下次觉得疑惑的就是你的同桌了呢！

30天

要不要竞选班干部呢？

“人生须知负责任的苦处，才能知道尽责任的乐趣。” ——梁启超

关于“要不要去竞选班干部”这个问题，首先，你要了解班干部的职责是什么。一般来说，班干部主要有两种职责：一是管理，需要辅助老师去维持班级纪律、组织活动等；二是服务，作为班干部，你需要具有奉献精神，能够为班级付出劳动，如主动团结和帮助同学等。

其次，你要分析做班干部可能给你带来的影响。当班干部有很多益处。一是可以更好地锻炼自己，增强自信。班干部在一个班级里相当于一个小管理者，需要面对老师和全班同学，发挥桥梁纽带作用，在这个过程中，上传下达、统筹协商等任务可以有效锻炼沟通能力、组织能力等，提升自信心。二是可以增强自律性。要想成为一名合格的班干部，取得老师和同学的信任，要在各个方面都足够优秀才可以。在学习上，要起到带头作用，上课认真听讲，课下认真完成老师布置的各项任务，努力提高学习成绩；在学习之外，也要保持高度自律，严格要求自己，例如，自觉遵守校纪校规、积极参与班级活动、主动维护班级荣誉等，只有以身作则，起到模范表率作用，才能让

大家信服。

当班干部除了以上提出的益处外，也可能会给你带来一些小“麻烦”。例如，当你履行班级管理职责，要求同学们遵守校纪班规时，有些同学可能会不理解你，觉得你不近人情；还有就是当了班干部之后，你的学习时间会被班级事务占用一部分；等等。面对这些问题，你需要摆正心态，采取恰当的方式正确处理。在面对同学的质疑时，你要坚守原则，跟大家交往的时候既要不卑不亢，不能因为害怕影响同学关系而做违背原则的事情，同时也要注意工作方法和态度，不能盛气凌人；在参与班级工作时，要合理安排时间，平衡好学习与班级事务，不能因为当班干部而影响学习，顾此失彼。

因此，要不要竞选班干部取决于你自己，你要权衡利弊。如果你有信心和能力履行好班干部应该承担的职责，能够平衡好学习与班级工作，并且非常愿意去做，那么你就可以去竞选班干部了！

31天

不想参加班级活动怎么办？

“单丝不成线，独木不成林。” ——谚语

“不想参加班级活动怎么办？”如果你也有同样的困惑，那应该先弄清楚两个问题：一是为什么要参加班级活动？二是为什么不想参加班级活动？

班级活动是我们锻炼自我、展示自我的重要途径，不管你愿不愿意参加，它都是我们校园生活的重要组成部分。丰富多彩的班级活动，能够加深与老师、同学之间的认识。有的同学可能学习成绩不算突出，但却是运动场上的佼佼者；有的同学平时看着不爱讲话，但在辩论赛上却能够舌战群儒……通过各种各样的班级活动，你往往会发现自己和同学们不一样的风采。同时，很多班级活动都是团体性项目，比如拔河比赛，考验的是团队的合作能力和永不言弃的奋斗精神，需要小组成员团结一致、共同发力，才有可能取得最后的胜利，参与其中有利于培养你的团队意识和合作精神，增强意志力。

不想参加班级活动，主要有两种可能。有的同学是因为自身性格比较内向，不好意思在老师和同学们面前表现自我，不敢参加；有的同学是因为觉得这些活动很无聊，因此不想参加。

如果你是第一种，那意味着班级活动对你来说是尤其必须和必要的。学校如同一个小社会，如果你在学校中都无法融入集体生活，不敢表现和表露自己，那以后进入社会，你恐怕会更加难以适应。所以你应该主动调整心态，克服畏惧心理，积极把握每一次能展示自己的机会，通过参与班级活动挖掘自己的长处，锻炼自我。可以先从一些简单的开始，比如参与啦啦队，为同学加油助威，以何种形式参与不是最重要的，重要的是一定要参与其中；如果你是第二种，每个人都有自己的个性和特点，你确实不喜欢某项活动时，偶尔不参加也没有关系，班级活动类型多种多样，下次遇到喜欢的再参加就好了，但绝不能眼高手低，事事都不参与，刻意孤立自我，长此以往，容易导致孤僻的心理，不利于身心健康。

因此，不管以前你是因为何种原因不想参加班级活动，从现在开始，请珍惜每一次能够参与的机会，积极去尝试，享受班级活动带来的乐趣吧！

32天

为什么要制订那么多校规啊？

“不以规矩，不能成方圆。” ——《孟子·离娄上》

很多同学进入校园后，会觉得很不适应，因为那一条条的校规，让人没看就觉得头疼，有时候甚至觉得校规限制了自己的自由，那为什么要制订那么多校规呢？

首先，同学们应该明确，制订校规是为了给大家创造更好的学习环境，而非约束大家。举个例子，在老师讲课的时候，有的同学觉得不许私下交流的规定是不合理的，觉得有问题就应该随时和老师、同学交流才好。但是一个班级里面有那么多的人，如果每个人都可以随时讲话，那老师就无法进行正常的授课了，最终会影响同学们的听课效果。所以，制订上课不许交头接耳这个规定是为了同学们能够安心听讲，创造一个良好的上课环境。再比如，不允许在走廊、楼梯等场所奔跑打闹的校规，是为了同学们的安全着想。

再者，学校不仅仅是同学们学习的地方，也是纠正同学们行为习惯的地方。人非圣贤，很难做到时时刻刻都靠自律来实现自我约束。在社会中，有法律来规范人们的行为，在学校里，也需要校规来帮助大家养成良好的习惯。例如，食堂里禁止浪费粮食的校规，是为了帮助同学们养成勤俭节约的好习惯。

现在同学们能理解学校为什么要制订这么多校规了吗？学校制订这些校规并不是想限制同学们的自由，所以，不要对校规有抵触心理，也不用畏惧它们，何不把它们看作自己成长道路上的良师益友呢？

33天

为什么要穿校服啊，我想穿自己的衣服！

“集体的习惯，其力量更大于个人的习惯。” ——培根

现代社会是一个多元、开放、包容的社会，丰富多彩、彰显独特个性的服饰深受大家的喜爱。平时穿习惯了各种各样的衣服，来到学校却要统一着装穿校服，很多同学一开始可能会不适应，觉得自己失去了穿衣自由。今天我们就来说一说，在学校为什么要穿校服。

价格实惠是校服最重要的优点之一。统一穿着校服可以在一定程度上弱化家庭经济差异对同学们带来的影响，缩小同学之间的心理距离，减少同学间的攀比，营造相对单纯、平等的学习环境，这也是设计和推广校服的初衷之一。

面料舒适、结实耐穿也是校服的突出优点。同学们在学校除了日常学习之外，还经常会参与公益劳动、志愿服务等，课间或者体育课上，也会通过适当的体育锻炼活动来强身健体，如做课间操、参与感兴趣的运动项目等。很显然，个性化的服装很难同时满足学习、运动等多场景的校园生活需求，而柔软舒适的校服则动静皆宜，更方便在校园中穿着。

再者，校服被称为“行走的校园文化符号”，是校风的重要组成部分和学校特色文化的有效载体，也是大家作为学生的一种身份象征。身穿校服，能够增强大家对学校的归属感和认同感，培养同学们之间的凝聚力、集体荣誉感，在无形之中督促大家自觉遵守校纪校规，言行举止更加得体。

同时，现代社会越来越提倡绿色、低碳、环保的生活，越来越多的学校开始重视校服的回收和再利用。比如，我国的一些学校设立了回收点，接受学生的自愿捐赠，回收后的校服经过简单地清洁处理，再捐给偏远山区；还有一些学校开展校服传承活动，鼓励同学们自愿将穿小的校服清洗干净后，由家委会进行回收、登记，捐赠给低年级的学生，实现校服的循环利用。这些做法既传递了温暖，又践行了绿色环保可持续的发展理念，有助于大家从小养成勤俭节约、绿色低碳生活的优秀品质。

大家对校服有抵触心理，很大一部分原因是觉得校服丑，不美观，缺乏设计和创意。近年来，各个学校的校服不仅质量越来越好，样式也逐渐多样化，每个学校有各自的特色，越来越美观，更加注重彰显同学们的青春个性，穿出去也不失为一道靓丽的风景线。当你长大以后还会发现，校服是我们青春美好的记忆，是我们人生道路上的重要印记。这样又美观又舒适的校服，请珍惜能穿它们的时光吧！

34天

为什么要设置体育课？

“身体的健康因静止不动而破坏，因运动练习而长期保持。”
——苏格拉底

体育课对于大部分同学来说是非常快乐的课程，但是有些同学觉得学好文化课就行了，上体育课是浪费学习时间，还有的同学觉得上体育课太累了，不喜欢上。

“生命在于运动”，作为学生，你一天中的大部分时间都是在教室里度过的，保持的最多的姿势，就是坐在座位上，长此以往对身体是不好的，所以你需要一定的运动来保持身体健康。只有身体健康了，才能更好地学习和生活。同时，人的发展应是德智体美劳全面发展，现在很多地方中考需要体育考试，所以无论是从学习成绩考虑还是从身体健康方面考虑，体育课都是必不可少的。

除了强身健体，体育课还能帮助我们放松心情。长时间学习容易导致大脑疲劳，降低学习效率，借着体育课去外面走一走、跑一跑，可以帮助你缓解疲劳，得到身心上的放松，再回到教室可能会发现，刚刚还解不出来的难题一下子就有了思路，这就是我们常说的劳逸结合。所以，你在刻苦学习的同时，也不要忘了给自己一点时间休息一下。

现如今，学校的校园设施也在不断改善，宽敞的塑胶操场，丰富多样的体育器材，条件好的学校还建起了体育馆……天气好的时候，大家可以在室外运动，天气不好的时候，也能在室内锻炼。上体育课的条件越来越好了，课程内容也丰富起来，跑步、打篮球、踢足球、打太极拳……总会有一种是你喜欢的。

“流水不腐，户枢不蠹，动也。”体育课有这么多好处，学校又为我们提供了那么好的上课条件，你还会不想上体育课吗？

35天

换了新学校很不习惯怎么办？

“情况是在不断地变化，要使自己的思想适应新的情况，就得学习。”
——毛泽东

初到新的学校，环境发生改变，没有熟悉的老师和同学，没有熟悉的校园，内心感觉很忐忑，在学习和生活上都感到不适应，这是非常正常的。不只是你，大多数人来到一个新的环境，在初期都会或多或少有不适应的地方，但这只是短暂的。所以，你无须为此过分焦虑和不安。要想摆脱这种不适感，你要做的就是尽快熟悉新环境，主动适应新变化。

来到新的校园，你可以先把整个校园逛一逛，看看教学楼在哪里，食堂在哪里，老师的办公室在哪里，楼层的卫生间在哪里……当你把这些平时常去的地方在哪里都弄清楚之后，就会对这个陌生的环境有所了解，要去哪里的时候，就不会觉得无所适从了。熟悉了校园环境后，对于学校的一些规章制度也要了解清楚，有利于你更快地融入新的环境。

除了对环境陌生，让你更不适应的可能是对新环境中人的陌生。周围都是新鲜的面孔会让人感觉没有安全感，但是这个时候也是你认识新朋友的好机会。面对新老师、新同学，不要有抵触心理，尝试主动真诚地与大家相处，还可以利用班级活动、社团活动等多与大家沟通交流，加深了解，寻找共同的爱好、感兴趣的话题等。说不定新老师的讲课风格恰巧是你喜欢的，又或者你很快就能交到一个和你兴趣相投的好朋友呢。

另外，如果真的遇到自己无法解决的难题，要学会主动求助。可以寻求老师的指导、同学的帮助，也可以向父母、好朋友倾诉。

在我们人生的不同阶段，总要经历不同的环境，认识不同的人，这是不可避免的事情。既然我们无法改变现状，那不如学着微笑和坦然面对。“莫愁前路无知己”，在新的校园你会有新的朋友，会发生新的故事，尝试去接受它，朝着新的方向出发吧！

第六篇

巧妙处理人际关系

36天

父母总喜欢 拿我跟其他同学对比怎么办?

“如果你是对的，就要试着温和地、技巧地让对方同意你；如果你错了，就要迅速而热诚地承认。这要比为自己争辩有效和有趣得多。”
——卡耐基

很多同学从小到大最大的“敌人”应该就是传说中的“别人家的孩子”。成绩不理想时，父母可能会说：“那谁家的小孩怎么怎么样，学习有多好，有多厉害……”成绩好时，父母可能又说：“谁谁谁多孝顺、会多少种乐器……”这也许会让你觉得失落和不高兴，这时候，你要学会正确对待和理性分析父母的话。

首先，你要知道父母喜欢把你跟其他同学相比并不是嫌弃你，他们只是希望你可以变得更优秀。与其说他们把你跟别人比较，不如说那些人是他们心目中你应该学习的榜样。当你被比较的时候，说明你有些方面可能存在不足，既然父母说那个孩子好，你不妨用学习的眼光去看待对方，看看他身上有哪些闪光点值得你学习，把他当作自己学习的榜样，激励自己变得更优秀。

同时，你自己要保持自信，充分认识自己的潜能和独特性，学会在父母面前积极展示自己的优点和长处，让父母更加全面地了解你，让他们知道你也很优秀，是独一无二的。

最后，如果你真的不喜欢这种方式，那你也要主动跟父母沟通，让他们知道你不喜欢这种比较，告诉父母虽然他们的出发点是好的，你也知道他们的良苦用心，但他们的做法伤害了你的自尊心，请他们尊重你的感受，以后不要再这么做了。切忌在不沟通的情况下，以消极的态度与父母争吵或对抗，这样不仅解决不了问题，还会造成恶性循环。

下次父母再拿你同别人比较时，既不要对“别人家的孩子”抱有敌意，同样也不要小瞧了自己，说不定在其他父母口中，你也是那个“别人家的孩子”。

37天

不喜欢学校的老师怎么办？

“为学莫重于尊师。”——谭嗣同

这个世界上总有些事情是你不能决定的，比如，在学校会遇到什么样的同学、什么样的老师，这些都是未知的。有些人你会非常喜欢，那也会有一些人你不喜欢。老师对于我们来说是非常重要的，虽然你无法决定自己能遇到哪位老师，但是，你可以决定自己对老师的态度。如果遇到不喜欢的老师，你要学会适应和调整，并应当尊重老师。

首先，你要分析你不喜欢这位老师的原因。你不喜欢他，可能是因为他做了让你感到不舒服的事情，这种情况下你要客观理性地去判断，到底老师做的这件事是真的错了，还是你误会他了。例如，你因为老师的批评而讨厌他，那你要分析老师批评你的原因，是你做错了事情才批评你，抑或是因为老师基于错误的信息而误会你。如果是因为前者，那你就要接受老师的批评并积极改正自己的错误；如果是后者，那你可以主动找老师解释清楚，及时化解彼此之间的误会和矛盾，而不是因此而贸然地对老师产生抵触心理。

其次，学会沟通。沟通是人与人之间相互了解的桥梁，如果你不喜欢某位老师，你可以尝试选择一个恰当的时机去找老师聊一聊，把你的想法、对他的“不满”、有什么建议，真诚地与老师交流、讨论，加深彼此之间的了解；也可以与自己的家人和朋友倾诉，听听他们的想法。说不定聊完之后，能化解你的心结，你对老师的负面情绪也随之消失了。

再次，要善于发现老师的优点和长处，避免对老师的片面认识。比如，你讨厌的这位老师，可能在学习上对大家非常严厉，但是生活中非常热心，哪位同学有需要，他都会积极帮助同学解决难题……换个角度看，说不定你就会发现他让人喜欢的一面。

最后，如果这位老师做什么你都不喜欢，那希望你可以把对老师的态度和他所教的科目分开。你不能因为不喜欢某位老师而抵触和讨厌他所教的科目，任何一位老师都不可能教你一辈子，但是学习却会伴随你的一生，即使你真的不喜欢某位老师，也要主动调整自己的心态，不能因为对老师的不喜欢而影响自己的学习。

38天

遇到不会的问题不好意思问老师该怎么办？

“我认为克服恐惧最好的办法理应是：面对内心所恐惧的事情，勇往直前地去做，直到成功为止。” ——罗斯福

同学们在学习的过程中总会遇到不理解的知识点、难懂的题目等，这种情况下通过请教老师来解决疑惑往往是最高效的途径。不懂就问的道理大家都明白，但实际遇到问题时，有些同学因为性格内向，不善于交流，所以不好意思去找老师问问题；还有些同学担心自己问的问题过于简单，害怕老师嘲笑或者批评自己没有认真学习，碍于面子不敢去找老师问问题。不管是出于什么原因，遇到问题不懂装懂，不及时找老师问清楚的做法都是错误的，不可取的。

“师者，所以传道受业解惑也。”为学生答疑解惑是老师的义务和责任，而且大部分老师都喜欢勤学好问的学生，所以大家在面对老师时没必要有那么大的心理压力，如果你在学习或者生活中有疑问和困难，完全可以大大方方地去寻求老师的帮助。

有问题及时请教老师，对你的学习大有裨益。在一个班级中，老师要同时教授很多学生，有时候很难做到面面俱到地了解每一个同学的学习情况，而如果你在学习中遇到难题时能够及时、主动地与老师沟通，在交流的过程中老师同时也获得了单独了解你的机会，久而久之，老师也会对你的学习情况有更深入和全面的了解，不仅能够帮助你弄明白当下你不理解的知识点或者难题，还能从整体上判断你学习中存在的薄弱环节，有针对性地帮助你制订学习计划，让你更高效地提高学习成绩。

有些同学会说，除了老师以外，我还可以请教同学，“三人行，必有我师焉”。诚然，与同学讨论交流也是非常必要和有益的学习方法，很多问题与同学交流，也能有不少的收获。但同学的认知结构、知识储备可能与你相差不大，总归有些问题是同学之间交流解决不了的，所以，大家还是要养成乐于与老师沟通交流的良好学习习惯。

请教老师时，要注意态度谦逊有礼貌，同时也可以使用一些小技巧。比如，如果你确实因为性格原因，不好意思与老师单独交流，那你开始时，可以邀请同学一起去向老师请教，等慢慢与老师熟悉了之后，再尝试单独与老师沟通；也可以在请教老师之前，提前列好问题清单，以帮助自己更有条理地与老师交流，提高效率；老师为你讲解时，做好笔记，结束后，及时翻阅笔记，加深记忆，复习巩固等。

总之，知识只有学懂弄通了才是自己的，千万不要因为不好意思与老师沟通交流而把自己的疑惑丢在一边。如果你经常这么做，就会发现疑惑积攒得越来越多，学习也变得越来越吃力，成绩也越来越不理想。请教老师并不丢人，不懂装懂才是愚蠢的。下次再遇到不明白的问题，不要犹豫，勇敢地去请教你的老师吧！

39天

同学总是喜欢向我借作业，不想借是不是太小气了？

“一个人只有守住底线，才能获得成功的自我与成功的人生。”
—— 冯骥才

你有没有被同学借作业的经历？被借作业时心里是否也有这样的苦恼：借吧，心里不舒服，那是自己花了好多时间和精力写出来的，不借吧，又会被说小气。在借与不借之间陷入两难。

关于借作业这件事，你要问清楚对方借作业的目的是什么。有的同学借作业是在自己已经思考并完成作业的前提下，想要借鉴其他同学的方法和思路。例如，有的题目做到一半的时候实在没有思路，只能向外求助，这种情况下你把作业借给他，实际上是在帮他拓宽思路，而且除了可以把作业借给对方，还可以和对方一起讨论，共同解决难题，说不定在讨论的过程中，你也能加深对知识的理解和记忆呢。

有的同学借作业实际上是为了抄作业，这种抄作业的行为几乎是没有自己的思考的，对回忆巩固课堂上学的知识作用不大，也不利于形成独立思考和解决问题的能力。这种情况下，是不可以把作业借给对方的。因为一个人长时间放弃动脑的习惯，会造成学习能力下降，借给他作业不仅不能帮助他，还间接地伤害了他。

至于不借作业被说小气，这个更不用在意了，因为你做的是一件正确的事情。及时跟借作业的同学耐心沟通，分析利弊，你和同学之间的关系，不会因为一点小事就破裂的，不要为此而担心苦恼。尤其是当你的好朋友来借作业的时候，更应该坚守本心。你可以邀请他和你一起完成作业，也可以在他遇到难题时帮助他，为他讲解思路、方法，但是不能让他不劳而获。要勇敢地表达自己的想法，相信对方也能理解你。千万不要因为害怕被说小气，就违背自己的意愿去做不应该做的事情。

40天

同学总喜欢上课打扰我，我要告诉老师吗？

“不一则不专，不专则不能。”——苏轼

上课的时候，有些同学会开小差，喜欢跟同学讲话。在课堂上，面对同学轻微的打扰，你可以委婉拒绝干扰，并提醒他要认真听讲。课后再主动跟同学沟通，表明你不喜欢上课的时候被打扰，这种行为是不对的，想要一起玩可以在课间的时候，课上要保持安静，认真学习。相信你的同学也是能理解你的，他可能只是专注力不够，所以才会在中途开小差。你也可以跟他约定，如果他再开小差，你就提醒他，要是你走神，他也要来提醒你。这样你既不会有被打扰的烦恼，也能互相帮助，认真上课，这不是两全其美的事情吗？

如果同桌是故意在上课时间打扰你，严重影响了你的课堂学习，并且沟通无效的情况下，你可以去找老师寻求帮助。这个时候很多同学就会犹豫：“这不是在告状吗？我这样做会不会引起同学们的反感？”你要知道这件事错不在你，你是受害者，并且你已经与对方进行了沟通，作出过提醒，但没有效果，而且长期在课堂上开小差必然会影响学习，及时告诉老师也有助于帮助对方早日改正不良习惯，这对双方都是有利的。

面对学习生活中的这些小烦恼，沟通是第一要义，要及时表达自己的想法，让别人知道你的态度。在沟通没有效果的时候，主动去向可以解决问题的人寻求帮助，这个人可以是老师、家长，也可以是同学。总之，遇到此类问题要积极想办法去解决，不能因此而影响学习。

41天

在学校怎么才能交到好朋友呢？

"与朋友交，言而有信。" ——《论语》

我们的一生会遇到很多人、认识很多人，但真正能称之为好朋友的，可能寥寥无几。"在学校怎样才能交到好朋友呢？"我认为，要坚持志同道合、相互尊重、以诚相待、理解包容。

"人之相识，贵在相知；人之相知，贵在知心。"两个人想要成为好朋友，志同道合是前提。正如伯牙善鼓琴，钟子期善听。伯牙鼓琴，志在高山，钟子期曰："善哉，峨峨兮若泰山！"志在流水，钟子期曰："善哉，洋洋兮若江河！"伯牙所念，钟子期必得之。子期死，伯牙谓世再无知音，乃破琴绝弦，终身不复鼓。正是因为俞伯牙与钟子期因琴结缘，心灵相通，建立起深厚的友谊，才让高山流水觅知音成为千古美谈。相反，"道不同，不相为谋"，如果两个人价值观不同，可能成为一时的朋友，但绝不可能成为一辈子的好朋友。因此，必须选择与自己有共同的兴趣爱好、价值追求和理想信念的同学交往，才有可能找到真正的好朋友。

相互尊重、以诚相待是两个人成为好朋友的重要条件。友谊是一种双向关系的情感，需要双方共同去维系，在学校与同学相处时，既不能盛气凌人，把自己的想法强加到同学身上；也不能委曲求全，靠单方面的示好维持友谊；更不能靠虚伪和欺骗来建立友谊，因为这样的友谊是不牢固的，难以长久维系。

要想交到好朋友，学会理解和包容他人也是必不可少的。人无完人，每个人都有自己的缺点，再好的朋友也难免发生矛盾和冲突。当冲突来临时，要努力克制消极的情绪，冷静地分析原因。学会站在对方的立场上设身处地地换位思考，想想自己是不是也有做得不好的地方，如果不涉及原则性的问题，则多一些理解和包容，少些指责和挑剔。在理解和包容中相互帮助，共同成长，这样的友谊往往更能经受住时间的检验，成为真正的友谊。

如果你一时没有交到要好的朋友，也不要灰心丧气，保持乐观的心态，谦逊友好待人，总会有人被你的闪光点吸引。

42天

不在一个学校上学后，感觉朋友变了，是我感觉错了吗？

“海内存知己，天涯若比邻。”——王勃

在校园里，我们会交到很多朋友，和朋友之间有很多美好的回忆，所以在因为各种原因分开时，会感到留恋和不舍。但等到大家分开一段时间后，再去联系以前的朋友，可能会发现感情跟原来不太一样了，好像变得陌生了。

好朋友分开一段时间以后，彼此之间产生陌生感是非常正常的。原来你们在同一所学校、甚至同一个班级，有相同的学习环境，共同的老师和同学，每天在一起学习、交流，有聊不完的话题，自然感觉亲密无间。但不在一个学校上学后，生活和学习环境有了差异，再加上时间和地域的分隔，导致彼此之间见面和交流的机会也少了，共同话题减少了，没有了以前的默契，感情也随之变淡了，这可能会让你感到失落和伤感。

那如何才能改变这种“变了”呢？当然是靠联系交流了！要想长久地保持一段友谊，需要用心经营和维持，否则再好的朋友，长时间不联系也会变得疏远。虽然你们不在同一所学校了，但可以通过电话、社交软件等保持联络，聊聊你最近学了哪些知识、吃了什么美食、参加了什么活动，对方遇到了什么样的老师、有哪些让人印象深刻的同学、读了什么好书；等等。如果在地域上相隔不远，学习之余还可以约着见面，比如一起去图书馆、逛街、看电影、健身等，共同分享生活。

如果你已经用心去维持了，但仍然无法阻止友谊变淡，那也要学会用平常心对待，坦然接受现状。人生很长，我们不可避免地要经历离别。当一段友谊结束时，不要过分沉溺于悲伤中，把这段友谊埋在心里，记住它曾经带给我们的美好与欢乐就好了。然后调整心态，积极去适应新的生活，用真诚、包容和尊重去认识新的朋友，开启新的友谊吧。

附加提优

时间管理妙招

1 明确主次目标

你可能有很多目标，但是过多的目标会让你无所适从。所以你可以把你的目标一一写下来，然后按照轻重缓急来排序，接着给这些目标制订详细的计划。最为关键的是——按照计划进行。

2 改变你的想法

美国心理学家威廉·詹姆士对时间行为学的研究发现，人们在遇到不喜欢的事情时，主要有以下两种应对态度："这件事必须完成，它实在讨厌，所以我能拖便尽量拖"和"这不是件令人愉快的事，但必须完成它，所以我得马上动手，好让自己能早些摆脱它"。大多数时候我们都会不自觉地选择第一种态度，但是这种态度只会让我们的任务越堆越多，所以我们应该改变自己的想法，立马去做，不要拖延。

③ 安排"不被干扰"的时间

在嘈杂的环境里很难静下心来，也很难进行思考，相反，在安静的环境下，人的思维更活跃。所以，你需要给自己一点"不被打扰"的时间来好好思考自己要做的事情。

④ 合理规定完成期限

诺斯古德·帕金森在其所著的《帕金森定律》中，写下这段话："你有多少时间完成工作，工作就会自动变成需要那么多时间。"1 个小时就能完成的作业，如果你给自己一整天去完成，那么你很可能会在这一天的最后才能完成作业。所以你需要给自己一个合理的时间限制，并在规定时间限制内完成自己的任务。

⑤ 做好时间日志

你每天做了哪些事情，花了多少时间，把它们都记录下来，就像写日记一样。然后你就会清晰地发现哪些地方浪费了时间，哪些地方付出的时间还不够。当你找到需要改进的地方，你才会有意识地去改变。

6 学会列清单

不要轻信自己可以用脑把每件事情都记住，把自己要做的事情逐一写下来，这样做能让你随时都明确自己手头上的任务。同时，当你看到自己长长的任务清单时，也会产生紧迫感。

预习管理妙招

对于预习这件事，你要注意详略得当。有些同学预习时走马观花，流于形式，就用笔在书上勾画两道就结束了，实际上并没有认真去看内容，这样不仅达不到预习的效果，还白白浪费了时间。有些同学预习时又过于细致，耗费过多精力和时间，既加重了学习负担，还可能影响第二天听课的积极性。因此，预习时要做到详略得当，适当预习。

1. 读： 每科用10分钟左右的时间通读教材，了解和熟练新的知识点。

2. 写： 在通读教材的同时，做好笔记或批注。将重点标注出来，难点疑点记录下来，从而帮助你在上课的时候有所侧重地去听课，有效提高听课效率。

3. 练： 预习的最高层次是练习，通过练习可以有效检查预习的效果。练习时，若你能综合运用所预习的知识解决问题，说明你的自学效果不错；若不会做也没关系，很正常，等老师讲的时候认真听就好了。

听课管理妙招

① 紧跟老师的节奏

听课过程中，有些同学觉得老师讲得很简单，都会了，于是放松下来，在这种情况下容易走神；而有些同学遇到听不懂的地方，喜欢自己反复琢磨，导致耽误了其他内容的听讲。这两种情况都会影响你的听课效率。所以上课的时候要紧紧跟着老师的节奏走，不能因为简单而放松，也不能因为困难而放弃。简单的通过认真听讲加深巩固，听不懂的可以记下来，课后再请教老师或同学。

② 记笔记

“好记性不如烂笔头”，上课不能只带着耳朵和眼睛去上，还要充分利用双手，及时把老师强调的重难点内容记在你的笔记本上，既不浪费时间，又方便复习。

③ 善于思考

只听、只记对于学习来说是不够的，我们还要学会思考。

思考是一个很重要的能力，它能帮助我们举一反三，及时发现和解决问题。如果一味死记硬背知识点而不会主动思考，很难在学习中做到融会贯通，思维也会变得僵化。

复习管理妙招

有效复习的核心是做到三个字：想、看、练。

1. 想： 即回想、回忆，就像在大脑中放电影。上完课后最需要做的就是尽快回想，回想这节课或这一天老师讲了哪些内容，哪些是重点，哪些已经掌握，哪些掌握得还不太牢固，需要重点复习。

2. 看： 即看教材，看听课笔记。既要全面复习，整体把握，更要有关键点。这个点，既包括课程内容上的重点难点，也包括回想的时候没有想起来、记忆较模糊的“遗漏”点。

3. 练： “学而不思则罔，思而不学则殆。”前面我们讲过，预习时要注意结合练习，复习也是同样的道理。复习不能只停留在回忆和思考的阶段，读懂了，不代表就会熟练运用了，还要通过练习及时检验复习的效果。比如，通过做练习题检验是否已经真的吃透了知识点，通过家长抽查或者与同学互相抽查，检验知识点是否真的掌握扎实牢固。

作业管理妙招

① 不计时不作业

限时作业，记录作业时间，在写作业过程中不能做其他不相关的事。比如，20 分钟写完英语；25 分钟写完数学……给自己限定一定的时间，才会有紧迫感，才更有动力去完成作业，而不是无限制拖延。

② 不复习不作业

先复习所学的内容，然后再写作业。老师布置的作业一般是对你当天所学知识的检验，但是回到家后，你对今天学习的知识肯定会有所遗忘，这个时候你应该先去复习一遍，再来完成作业。

③ 不检查不作业

自己检查作业可以减少你因为粗心等原因导致的失误，加深你对易错点的印象，有助于你在考试中降低再犯此类错误的概率，养成独立思考的能力。

4 不小结不作业

写完作业后，告诉自己学会了什么，得到了什么，有什么体会。写完作业并不意味着作业完成了，你应该有自己的思考，我哪里用的时间比较长，是不是这里没有掌握牢固，哪里还有疑问，明天要去找老师来解答疑惑……做完作业也给自己做一个总结，总结的是自己的知识掌握情况。

错题管理妙招

错题能够很好地反映你在学习上的薄弱点，做好错题管理可以帮助你在日后的学习中少走弯路，提高学习效率。

1 建立错题本

将错题分学科整理，建立错题本。建立错题本不是简单地把错题抄一遍，你可以把错题本分为几个部分：第一部分是出错的题目，第二部分是错因，第三部分是正确的解题方法，第四部分是归纳和反思。整理错题的过程也是一个思考的过程，了解自己出错的原因，后面才能更好地去改正。

2 反复复习

整理好的错题要经常拿出来回顾复习，也可以找类似的题目进行有针对性的练习，直到你能够熟练地做对同类题目为止。在一次次重复的过程中，能让你将解题方法牢记于心，进而提高学习成绩。